Franzi Schädel

Mein **veganer** Adventskalender

KOSMOS

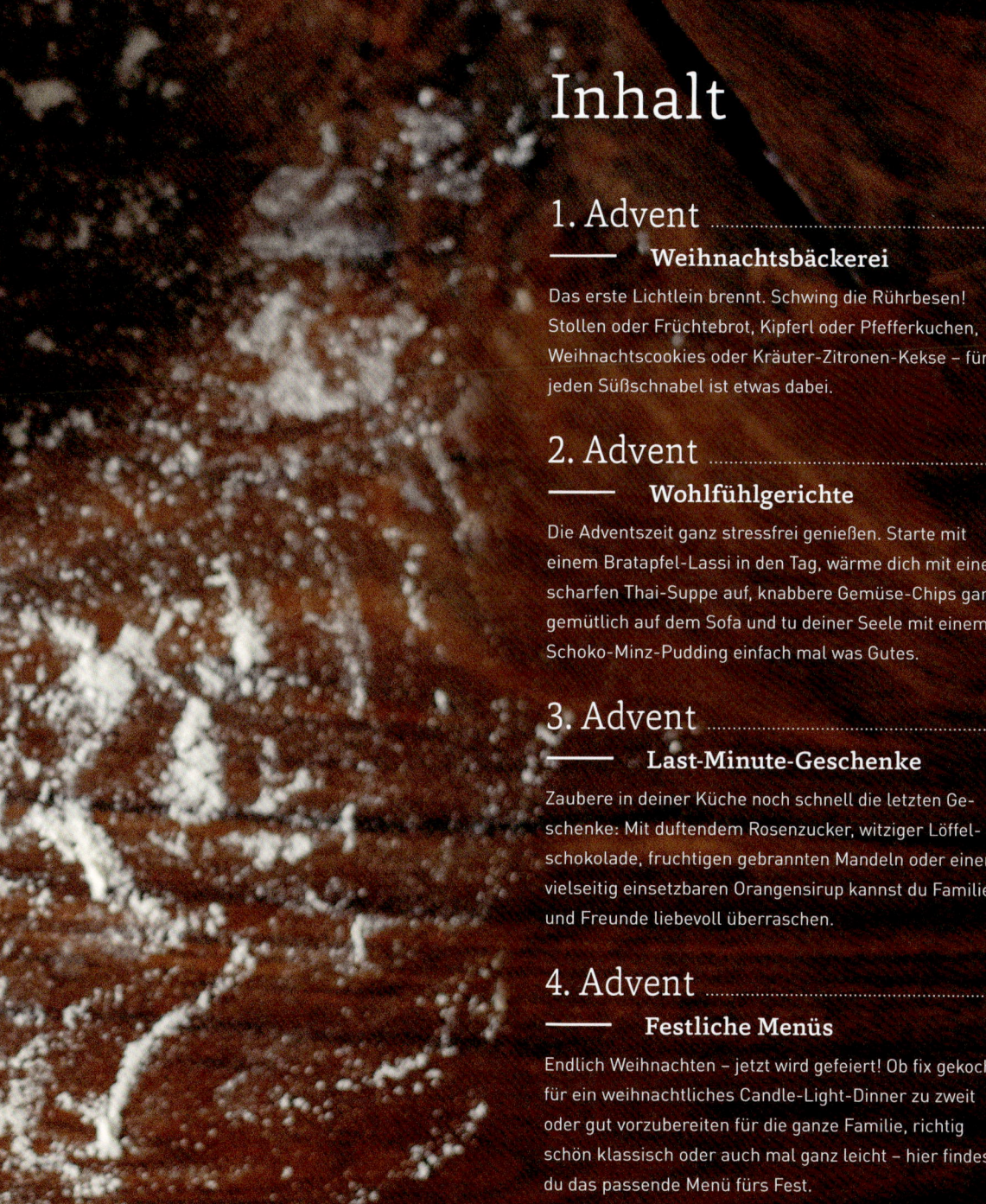

Inhalt

Weihnachten

—— einfach vegan genießen

VOM GEMÜSEREGAL ZUM ERSTEN BUCH

2010 begann ich, meinen Foodblog „Wo geht's zum Gemüseregal" zu schreiben. Für mich war das ein erster Schritt in ein zunächst vegetarisches Leben. Doch so nach und nach entwickelte sich das „Gemüseregal" weiter, und ich stellte immer mehr und inzwischen fast ausschließlich vegane Rezepte online. Ich bemerkte, dass mir die vegane Lebensweise sehr gefiel – ethisch wie gesundheitlich. So bin ich heute zwar keine 100-%-Veganerin, habe neben meinen Toleranzen aber feste Prinzipien. Den erhobenen Zeigefinger findet man bei mir nicht, denn eines fällt mir immer wieder sehr positiv auf: Ich erreiche die Menschen am besten über meine Rezepte. Und so bekomme ich immer und immer wieder Mails, in denen mir meine Leser erzählen, wie glücklich sie beim Zubereiten und natürlich Essen meiner Gerichte waren. Ganz oft gefolgt von dem Satz: „Nie hätte ich gedacht, dass vegan so einfach und lecker sein kann."

„GEHT DENN DAS?"

Zur Weihnachtszeit erreichen mich dann regelmäßig Fragen wie „Was isst man denn da?" oder „Wie geht denn Weihnachten so ohne Gans und Karpfen?". Für viele, die sich schon länger mit der veganen Lebensweise beschäftigen, ist das vielleicht ein Grund zum Schmunzeln. Aber wer mit dem Thema „Vegan" nicht so vertraut ist, steht da möglicherweise vor einem Rätsel. Einige können sich einfach nicht so recht vorstellen, wie sie diese Zeit auch vegan festlich und genussvoll gestalten können. Andere machen sich Gedanken darum, was sie ihren veganen Gästen servieren könnten, wenn es nicht nur der Gemüsebratling auf Salat sein soll.

BEGLEITER DURCH DIE WEIHNACHTSZEIT

Und dann war sie da: die Idee, ein Buch zu schreiben. Ein Buch für die Advents- und Weihnachtszeit. Ein Buch, in welchem der Genuss wichtig ist, ohne hochkomplizierte Rezepte abarbeiten zu müssen. Ein Buch natürlich mit dem klassischen Thema Weihnachtsbäckerei. Aber auch Wohlfühlgerichte, die einem an kalten, grauen Wintertagen Leib und Seele wärmen, dürfen nicht zu kurz kommen, dazu schnelle Last-Minute-Geschenke aus der Küche und natürlich besondere Menüs für das große Fest. Hier sind sie also: Meine liebsten veganen Rezepte für die Advents- und Weihnachtszeit.

1000 liebe Grüße
Franzi

1. Advent

Weihnachtsbäckerei

»Das erste Lichtlein brennt. Ich schwinge die Rührbesen! Jetzt wird gebacken und zwar vegan. Schaut, wie einfach und vielseitig das sein kann: Vom traditionellem Stollen bis hin zu meinen liebsten Kräuterkeksen ist für jeden Süßschnabel etwas dabei.«

Weihnachtsstollen

—————— mit Marzipan-Füllung

Für 3 Stollen
- 150 g Rohrohrzucker
- 1 Würfel Hefe
- 400 ml Hafermilch
- 250 g vegane Butter
- 1 Prise Salz
- 1000 g Dinkelmehl
  (Type 1050)
- 100 g Datteln
- 125 g Rosinen
- 125 g Cranberrys
- 100 g gehackte Mandeln
- 200 g Orangeat
- ½ TL Muskatblüte
- 1 TL Zimt

Für die Füllung
- 200 g Marzipan

Zum Bestreichen
- 100 g vegane Butter
- 100 g Puderzucker

Zeitbedarf
- 1 Stunde
- 3 Stunden gehen lassen

1. Zucker und zerkleinerte Hefe in eine große Rührschüssel geben. Die Hafermilch erwärmen (handwarm) und die vegane Butter schmelzen. Hafermilch und geschmolzene Butter zusammen mit einer Prise Salz in die Schüssel geben und alles gut vermengen.

2. Das Mehl durch ein Sieb ebenfalls in die Rührschüssel geben und alles mit den Knethaken des Handrührgeräts zu einem glatten Teig kneten. Den Teig abgedeckt 2 Stunden an einem warmen Ort gehen lassen.

3. Die Datteln zerkleinern und zusammen mit Rosinen, Cranberrys, gehackten Mandeln, Orangeat, Muskatblüte und Zimt zum Teig geben und sorgfältig unterkneten. Den Hefeteig abdecken und noch einmal mind. 1 Stunde an einem warmen Ort gehen lassen.

4. Den Backofen auf 200 °C (Umluft 180 °C) vorheizen. Den Teig in drei Teile teilen. Die Teigteile jeweils zu einem länglichen Brotlaib formen. In jeden Laib längs mit der Hand eine tiefe Kerbe drücken. Das Marzipan zu drei gleich dicken Strängen rollen. Jeweils einen Marzipanstrang in die Teigkerbe geben. Die Teigseiten nun von rechts und links über das Marzipan klappen und gut verschließen.

5. Die Stollen mit etwa 10 cm Abstand zueinander auf ein mit Backpapier belegtes Blech legen und 20 Minuten im Ofen backen.

6. Die leicht abgekühlten Stollen mit flüssiger veganer Butter bepinseln und dick mit Puderzucker bestäuben. Sobald die Stollen ganz abgekühlt sind, einzeln luftdicht verpacken, damit sie noch 2–3 Wochen gut durchziehen können.

»Wer Vanillekipferl mag, der wird auch diese mürben Gewürzkipferl lieben. An kalten Tagen wärmt dieses Gebäck so richtig schön durch.«

Mürbe Kipferl

———— mit wärmenden Gewürzen

Für ca. 30 Stück
- 150 g vegane Butter
- 4 EL Wasser
- 250 g Mehl
- 80 g Zucker
- 2 EL Vanillezucker
- 1 TL Zimt
- ½ TL gem. Ingwer
- ½ TL gem. Kardamom
- ¼ TL gem. Anis
- ¼ TL gem. Nelke
- 4 EL Puderzucker zum Bestäuben

Zeitbedarf
- 30 Minuten
- 1 Stunde kühlen

1. Die kalte vegane Butter in Flöckchen schneiden und mit 4 EL kaltem Wasser, dem Mehl, Zucker und Vanillezucker sowie den Gewürzen in einer Schüssel mit den Händen gut verkneten. Den Teig abdecken und mind. 1 Stunde kühl stellen.

2. Den Backofen auf 180 °C (Umluft 160 °C) vorheizen und zwei Backbleche mit Backpapier auslegen. Aus je einem Esslöffel Teig ein Kipferl formen und die fertigen Kipferl mit etwas Abstand auf die Backbleche legen. Im Ofen etwa 15 Minuten backen.

3. Die fertigen Kipferl aus dem Ofen nehmen, auf Kuchengittern auskühlen lassen und mit Puderzucker bestäuben. In einer Gebäckdose aufbewahren.

» Die Pfefferkuchen sind ein schönes Mitbringsel zum Adventskaffee. Dafür bestreiche ich sie zusätzlich noch dick mit Zuckerguss und bestreue sie mit bunten Zuckerperlen. «

Pfefferkuchen

—————— schmecken wie früher

1. Vegane Butter, den Rohrohrzucker und den Zuckerrückensirup in einem kleinen Topf schmelzen und mit den Schneebesen des Handrührgeräts schaumig schlagen. Die Masse in eine große Rührschüssel umfüllen.

2. Den frischen Ingwer schälen, in sehr feine Würfel schneiden und zu der Butter-Zucker-Masse geben. Die Gewürze und die Sojasahne ebenfalls dazu geben und alles gut miteinander verrühren.

3. Mehl und Weinsteinbackpulver miteinander mischen und durch ein Sieb in die flüssige Butter-Zucker-Masse geben. Mit den Knethaken des Handrührgeräts zu einem glatten Teig kneten. Den Teig abdecken und über Nacht an einem kühlen Ort ruhen lassen.

4. Am nächsten Tag den Backofen auf 200 °C (Umluft 180 °C) vorheizen und zwei Backbleche mit Backpapier auslegen. Den Teig auf einer bemehlten Fläche etwa 5 mm dick ausrollen und beliebige Formen ausstechen. Die ausgestochenen Pfefferkuchen auf die Backbleche legen und im Ofen für etwa 8 – 10 Minuten backen, bis sie schön goldbraun sind.

5. Die fertig gebackenen Pfefferkuchen auf Kuchengittern auskühlen lassen und in einer Keksdose aufbewahren.

Für ca. 40 Stück
- 90 g vegane Butter
- 100 g Rohrohrzucker
- 50 g Zuckerrübensirup
- 15 g frischer Ingwer
- 1 TL gem. Ingwer
- ½ TL gem. Kardamom
- 2 Msp. gem. Nelke
- 100 ml Sojasahne
- 400 g Dinkelmehl (Type 1050)
- ½ TL Weinsteinback- pulver

Besonderes Werkzeug
- Ausstechformen

Zeitbedarf
- 30 Minuten
- über Nacht ruhen lassen

Weihnachtscookies

—— mit Schokolade und Früchten

Für ca. 18 Stück
- 1 Vanilleschote
- 200 g vegane Butter
- 100 g Rohrohrzucker
- 300 g Dinkelmehl (Type 1050)
- 1 TL Weinsteinbackpulver
- 50 g getrocknete Feigen
- 100 g vegane Schokolade (Zartbitter)
- 50 g Rosinen
- 50 g getrocknete Cranberrys
- 150 g Mandelstifte
- 1 TL Zimt

Zeitbedarf
- 45 Minuten

1. Den Backofen auf 180 °C (Umluft 160 °C) vorheizen. Zwei Backbleche mit Backpapier belegen. Die Vanilleschote längs halbieren und das Mark herauskratzen. Die zimmerwarme vegane Butter zusammen mit dem Zucker und dem Vanillemark mit den Schneebesen des Handrührgeräts schaumig schlagen.

2. Das Mehl und das Weinsteinbackpulver zur Buttermasse geben und zügig untermischen. Dabei nicht zu lange rühren.

3. Die getrockneten Feigen und die vegane Schokolade klein schneiden bzw. hacken und zusammen mit den Rosinen, den Cranberrys, den Mandelstiften und dem Zimt unter den Teig kneten.

4. Je einen großen Esslöffel voll Teig auf das Backblech geben und leicht flach drücken. Die Cookies dann etwa 12 – 15 Minuten backen, bis sie schön goldbraun sind. Auf einem Kuchengitter gut auskühlen lassen und in einer Dose aufbewahren.

»Ausgekratzte Vanilleschoten stecke ich in ein kleines Schraubglas mit Zucker. So habe ich immer besten Vanillezucker ganz ohne künstliche Aromen im Haus.«

»Ich mag das Früchtebrot am liebsten lauwarm dick mit
veganer Butter bestrichen. Kühl gelagert und luftdicht verpackt
hält sich das Brot mindestens 2 Wochen.«

Früchtebrot

—————— kann man gleich essen oder lagern

Für 3 Brote
- 250 g gemischte
  Trockenfrüchte
- 100 g gehackte Mandeln
- 100 ml naturtrüber
  Apfelsaft
- 1 TL Zimt
- 1 TL Lebkuchengewürz
- 1 TL Ingwerpulver
- 150 g Zuckerrübensirup
- 400 g Dinkelmehl
  (Type 630)
- 2 TL Weinsteinback-
  pulver

Zeitbedarf
- 1 Stunde
- über Nacht ruhen lassen

1. Die Trockenfrüchte in kleine Stücke schneiden und zusammen mit den gehackten Mandeln in eine große Schüssel geben. Mit Apfelsaft übergießen und 30 Minuten einweichen lassen.

2. Zimt, Lebkuchengewürz, Ingwerpulver sowie den Zuckerrübensirup zu den Früchten in die Schüssel geben und unterheben. Mehl und Weinsteinbackpulver dazugeben und alles mit den Händen gut verkneten. Den Teig abgedeckt über Nacht ruhen lassen.

3. Am nächsten Tag den Ofen auf 200 °C (Umluft 180 °C) vorheizen. Den Teig zu drei Laiben formen und auf ein mit Backpapier belegtes Backblech geben. Die Früchtebrote etwa 25 Minuten backen.

Weihnachtsbäumchen

—————— meine Titelstars zum Nachbacken

1. Den Backofen auf 200 °C (Umluft 180 °C) vorheizen. Aus Backpapier 12 Kreise mit einem Durchmesser von 16 cm ausschneiden. Die Papierkreise an einer Stelle bis zur Mitte hin einschneiden und zu einem stabilen Kegel formen. Mit einer Büroklammer fixieren. Über eine große Auflaufform zwei Lagen Alufolie spannen und zwölf kleine Löcher (Durchmesser 1 cm) hineinstechen. In die Löcher jeweils einen Backpapierkegel stecken.

2. Sojamilch mit Öl, Sojamehl, Rohrohr- sowie Vanillezucker in eine Schüssel geben und alles gut verrühren. Das Dinkelmehl und das Weinsteinpulver durch ein Sieb zur Flüssigkeit geben und den Teig mit den Schneebesen des Handrührgeräts etwa 5 Minuten schön luftig schlagen.

3. Den fertigen Teig vorsichtig bis 1 cm unter dem Rand in die Backpapierkegel füllen und etwa 20 Minuten backen. Die fertigen Bäumchen aus dem Ofen nehmen und ganz auskühlen lassen.

4. Die vegane weiße Schokolade über einem Wasserbad schmelzen. Die Bäume aus dem Backpapier befreien und mit der flüssigen Schokolade bepinseln. Die gemahlenen Pistazien in eine Schale geben und die Bäume darin wenden, solange die Schokolade noch weich ist.

5. Aus 50 g Puderzucker und Zitronensaft einen sehr festen Zuckerguss mischen und auf die Spitzen der Bäumchen geben. Aus 30 g Puderzucker und ca. 40 Tropfen roter Lebensmittelfarbe eine zähe Masse rühren. Aus dieser Masse kleine Kugeln auf die Bäumchen tupfen. Oder mit restlichem Zuckerguss rote Zuckerperlen ankleben.

Für 12 Bäumchen
· 250 ml Sojamilch
· 6 EL Rapsöl
· 2 TL Sojamehl
· 150 g Rohrohrzucker
· 4 TL Vanillezucker
· 250 g Dinkelmehl (Type 1050)
· 4 TL Weinsteinbackpulver

Für die Verzierung
· 50 g vegane weiße Schokolade
· 50 g gemahlene Pistazien
· 80 g Puderzucker
· einige Spritzer Zitronensaft
· rote Lebensmittelfarbe oder vegane rote Zuckerperlen

Zeitbedarf
· ca. 60 Minuten

»Lebensmittelfarbe ist in den meisten Fällen vegan. Trotzdem lieber einmal auf die Zutatenliste schauen und auf Zutaten wie ›echtes Karmin‹ achten. Ist das enthalten, ist die Farbe nicht vegan.«

Schneebälle

⎯⎯⎯ **mit zartem Rosenaroma**

Für ca. 40 Stück
- 200 g vegane Butter
- 100 g Rohrohrzucker
- 2 EL Vanillezucker
- 1 Prise Salz
- 250 g Dinkelmehl
  (Type 1050)
- 6 TL Rosenblütenpulver
- 50 g Puderzucker

Zeitbedarf
- 40 Minuten

1. Die zimmerwarme vegane Butter, Zucker- und Vanillezucker sowie eine Prise Salz in eine hohe Rührschüssel geben und vorsichtig mit den Schneebesen des Handrührgeräts schaumig rühren.

2. Den Backofen auf 180 °C (Umluft 160 °C) vorheizen. Ein Backblech mit Backpapier belegen. Das Mehl und das Rosenblütenpulver zu der schaumigen Butter geben und mit der Hand zu einem Teig kneten.

3. Mit einem Esslöffel Teigportionen abstechen und diese zu Bällchen formen. Die Bällchen mit etwa 3 cm Abstand zueinander auf das Blech legen und etwa 15 Minuten im Ofen backen.

4. Die fertig gebackenen Schneebälle aus dem Ofen nehmen und sofort mithilfe eines feinen Siebs mit Puderzucker bestäuben. Wenn die Schneebälle abgekühlt sind, noch einmal mit Puderzucker bestäuben.

»Wenn ich kein Rosenpulver zu Hause habe, aromatisiere ich die Schneebälle auch mal mit etwas geriebener Tonkabohne, Vanillemark oder abgeriebener Orangen- oder Limettenschale.«

Zitronenkekse

————— ## mit dekorativen Kräutern

Für ca. 50 Stück
· 200 g vegane Butter
· 100 g Puderzucker
· 2 EL Vanillezucker
· 2 TL Sojamehl
· 1 Prise Salz
· abgeriebene Schale von
  1 Bio-Zitrone
· 250 g Dinkelmehl
  (Type 630)
· 1 TL Weinsteinback-
  pulver
· verschiedene Kräuter-
  blättchen (z.B. Salbei,
  Thymian, Rosmarin)

Zeitbedarf
· 30 Minuten
· über Nacht kühlen

1. Die kalte vegane Butter in Flöckchen schneiden und mit Puder- und Vanillezucker mit den Händen verkneten. Sojamehl, Salz und die abgeriebene Zitronenschale zu dem Butter-Zucker-Gemisch geben.

2. Das Mehl mit dem Weinsteinbackpulver mischen und durch ein Sieb zu den anderen Zutaten geben. Mit den Händen alles gut zu einem Teig verkneten. Den Teig abdecken und über Nacht kalt stellen.

3. Den Backofen auf 180 °C (Umluft 160 °C) vorheizen. Zwei Backbleche mit Backpapier auslegen. Den Teig auf einer bemehlten Flächen zu einer etwa 3 cm dicken Rolle formen. Mit einem scharfen und bemehlten Messer fingerdicke Scheiben von der Rolle schneiden. Die Kräuterblättchen auf die Teigscheiben verteilen, etwas andrücken und mit der Kräuterseite nach unten auf die Backbleche legen.

4. Die Kekse etwa 15 Minuten backen, dann auf Kuchengittern gut auskühlen lassen und in einer Dose aufbewahren.

»Zitronig-frisch und Kräuter-würzig – dieser Geschmack macht echt süchtig. Darum backe ich meistens gleich die doppelte Menge, sonst sind die Kekse viel zu schnell weggenascht.«

2. Advent

Wohlfühl-Gerichte

»Noch ist kein Weihnachtsstress in Sicht und ich genieße meine Wohlfühlgerichte am liebsten wohlig eingemummelt auf dem Sofa. Selbst an grauen, kalten, matschigen Wintertagen zaubern sie mir ein Lächeln auf die Lippen.«

»Ich genieße diesen Winter-Lassi am liebsten gleich am frühen Morgen. Die wärmenden Gewürze bringen den Stoffwechsel in Schwung, der kühle Sojajoghurt weckt die müden Lebensgeister. Besser und leckerer kann der Start in den Tag gar nicht sein.«

Bratapfel-Lassi

——— mein perfekter Start in den Tag

1. Die Äpfel waschen, nach Belieben schälen, vierteln und das Kerngehäuse entfernen. Die Apfelschnitze in kleine Stücke schneiden. 2 EL Apfelstückchen zur Seite stellen. Die Butter in einer Pfanne schmelzen und die übrigen Apfelstücke darin goldbraun anrösten. Pfanne vom Herd nehmen und die Apfelstücke auskühlen lassen.

2. Den Ingwer schälen und in kleine Würfel schneiden. Den Sojajoghurt zusammen mit dem Ingwer, dem Zimt, dem Kardamom und dem Rosenwasser in einen Mixer geben. Die ausgekühlten Apfelstücke dazugeben und alle Zutaten gründlich mixen.

3. Den Lassi auf zwei Gläser verteilen und mit den zurückbehaltenen frischen Apfelstückchen dekoriert servieren.

Für 2 Portionen
- 2 Äpfel
- 1 TL vegane Butter
- 10 g frischen Ingwer
- 400 g Sojajoghurt
- ½ TL Zimt
- 1 Msp. Gem. Kardamom
- 2 EL Rosenwasser

Besonderes Werkzeug
- Mixer

Zeitbedarf
- ca. 20 Minuten

» Nicht nur mit Granatapfel sind die Overnight Oats ein köstliches Winterfrühstück. Auch Apfel, Birne oder Banane schmecken fantastisch dazu. Und wer gerne noch ein bisschen mehr Biss möchte, kann die Oats mit gehackten Walnüssen oder einigen Sonnenblumenkernen bestreuen. «

Overnight Oats

—— mit Granatapfel

Für 2 Portionen
· 100 g Haferflocken
· 20 g vegane Zartbitter-
  schokolade
· 1 TL Zimt
· 2 Msp. gem. Kardamom
· 2 EL Vanillezucker
· 300 ml Dinkelmilch
· 1 Granatapfel

Besonderes Werkzeug
· 2 verschließbare Gläser

Zeitbedarf
· 15 Minuten
· über Nacht kühlen

1. Die Haferflocken auf zwei verschließbare Gläser verteilen. Die Schokolade mit einem Messer zerkleinern.

2. In jedes Glas je ½ TL Zimt, 1 Messerspitze Kardamom, die Hälfte der gehackten Zartbitterschokolade und 1 EL Vanillezucker verteilen. Alles gut miteinander vermischen.

3. Je 150 ml Dinkelmilch dazugeben und gut umrühren. Die Gläser verschließen und über Nacht kühl stellen.

4. Am nächsten Morgen den Granatapfel halbieren, die Kerne herauslösen und die Granatapfelkerne kurz vor dem Frühstück frisch auf die Gläser verteilen.

Winter-Porridge

——— am besten gleich auf Vorrat

Für 2 Portionen
- 2 getrocknete Feigen
- 20 g kandierter Ingwer
- 80 g feine Haferflocken
- 3 EL Rosinen
- 500 ml Mandelmilch
- 4 TL gehackte Mandeln
- 1 TL Zimt
- 2 EL Rohrohrzucker
- 1 EL Mandelblättchen

Zeitbedarf
- 15 Minuten

1. Die getrockneten Feigen und den kandierten Ingwer in feine Würfel schneiden. Haferflocken, 2 EL Rosinen, gehackte Mandeln, Feigen- und Ingwerwürfel in einen Topf geben und mit Mandelmilch aufgießen. Zimt und Rohrohrzucker hinzufügen und gut unterrühren.

2. Das Porridge aufkochen und unter ständigem Rühren zwei Minuten auf kleiner Stufe köcheln lassen. Mit Mandelblättchen und Rosinen bestreuen, evtl. ein wenig Bio-Orangenschale frisch darüberreiben und noch warm genießen.

»In der kalten Jahreszeit tut eine warme Mahlzeit am Morgen unserem Körper besonders gut. Die trockenen Zutaten des Porridge bereite ich oft gleich in einer größeren Menge vor und bewahre sie in einem Müsliglas auf. Das verkürzt morgens die Zubereitungszeit.«

Scharfe Thai-Suppe

mit Gemüse und Glasnudeln

Für 4 Portionen
- 1 Stange Lauch
- 1 große Möhre
- 1 mittelgroßer Brokkoli
- 1 Limette
- ½ rote Chilischote
- 15 g frischer Ingwer
- 2 EL Rapsöl
- 2 EL rote Currypaste
- 700 ml Gemüsebrühe
- 250 ml Kokosmilch
- 100 g Glasnudeln
- Salz

Zeitbedarf
- 50 Minuten

1. Vom Lauch die welken Teile entfernen, dann die Stange gründlich waschen und in feine Ringe schneiden. 1 EL davon beiseitestellen. Die Möhre schälen und in dünne Scheiben schneiden. Den Brokkoli in Röschen zerteilen und gut waschen. Das geschnittene Gemüse in einer Schüssel beiseitestellen.

2. Die Limette auspressen. Eine halbe Chilischote in feine Ringe schneiden, einige Ringe zur Seite stellen. Den Ingwer schälen und sehr fein würfeln. Rapsöl in einem Topf heiß werden lassen und die geschnittene Chili sowie den gewürfelten Ingwer zusammen mit 2 EL roter Currypaste kurz anrösten. Mit dem Limettensaft ablöschen.

3. Die Gemüsebrühe und die Kokosmilch in den Topf gießen. Das geschnittene Gemüse dazugeben und die Suppe ca. 20 Minuten auf kleiner Stufe köcheln lassen.

4. Die Glasnudeln in eine Schüssel geben und mit kochendem Wasser bedecken. Die Nudeln 5 Minuten ziehen lassen, dann durch ein feines Sieb abgießen. Die Nudeln etwas kleiner schneiden, zur Suppe geben und die Suppe wenn nötig mit etwas Salz abschmecken. Vor dem Servieren mit frischen Lauch- und Chiliringen bestreuen.

»Egal wie durchgefroren ich von einem Winterspaziergang nach Hause komme, diese feurige Suppe heizt mir ganz schnell wieder ein. Am schönsten ist es, wenn die Suppe schon auf dem Herd wartet. Dann einfach noch die eingeweichten Glasnudeln in den Topf geben, alles erhitzen und – mmmh.«

»Rosenkohl ist ein kleines Gemüsewunder und besonders reich an Vitamin C und Zink. Nicht nur deshalb gehört er im Winter zu meinen liebsten Gemüsesorten und landet sehr oft in meinem Einkaufskorb – er ist auch einfach echt lecker.«

Rosenkohlsuppe

die cremige Vitaminbombe

Für 4 Portionen
- 600 g Rosenkohl
- 15 g frischer Ingwer
- 700 ml Gemüsebrühe
- 50 g Kürbiskerne
- 200 ml Sojasahne
- Saft einer Orange
- Salz
- Pfeffer aus der Mühle

Besonderes Werkzeug
- Pürierstab

Zeitbedarf
- 45 Minuten

1. Den Rosenkohl gründlich waschen, die äußeren Blättchen und die Strünke entfernen. Die Röschen halbieren und in einen Topf geben. Den Ingwer schälen und grob geschnitten zum Rosenkohl geben.

2. Die Gemüsebrühe zum Rosenkohl gießen und das Gemüse auf mittlerer Stufe etwa 20 Minuten köcheln lassen, bis der Rosenkohl weich ist. Währenddessen in einer Pfanne die Kürbiskerne ohne Fett nicht zu dunkel anrösten.

3. Den Topf vom Herd nehmen und den gekochten Rosenkohl pürieren. Mit Sojasahne und dem Saft einer Orange verfeinern und nochmals kurz durchmixen. Mit Salz und Pfeffer abschmecken und die Suppe zusammen mit den gerösteten Kürbiskernen servieren.

Tofu-Soljanka

—————— ## heißer Genuss für kalte Tage

Für 4 Portionen
- 1 mittelgroße Gemüse-zwiebel
- 2 Knoblauchzehen
- 2 rote Paprika
- 2 Möhren
- 150 g saure Gurken
- 200 ml Gurkensud
- 200 g Räuchertofu
- 2 EL neutrales Öl
- 3 EL Ajvar
- 2 EL Tomatenmark
- 600 ml Gemüsebrühe
- 2 Lorbeerblätter
- 2 TL Paprikapulver
- 50 ml Sojasahne
- einige Halme Schnitt-lauch
- Salz
- Pfeffer aus der Mühle

Zeitbedarf
- ca. 60 Minuten

1. Die Zwiebel und den Knoblauch schälen und nicht zu klein schneiden. Paprika waschen, Kerne und Trennhäutchen entfernen und die Paprika in Würfel schneiden. Die Möhren schälen und in Scheiben schneiden.

2. Die sauren Gurken durch ein Sieb abtropfen und den Sud auffangen. Die Gurken in mundgerechte Stücke schneiden. Den Räuchertofu in Würfel schneiden.

3. In einem großen Topf 2 EL Öl erhitzen. Zwiebeln, Knoblauch und Räuchertofu dazugeben und leicht anbräunen. Ajvar und Tomatenmark unterrühren und kurz mit anrösten. Mit 200 ml Gurkensud ablöschen.

4. Geschnittene Paprika, Möhrenscheiben, saure Gurkenstücke und die Gemüsebrühe dazugeben. Lorbeerblätter und das Paprikapulver in den Topf geben und gut unterrühren.

5. Die Soljanka 30 Minuten köcheln lassen. Währenddessen die Soja-sahne leicht schaumig schlagen und den Schnittlauch in feine Röllchen schneiden. Wenn das Gemüse gar ist, die Lorbeerblätter entfernen, die Soljanka mit Salz und Pfeffer abschmecken und mit Sojasahne und Schnittlauchröllchen garniert servieren.

»Die weihnachtliche Sternendeko zur Soljanka ist schnell gemacht: 1 EL vegane Butter in einer Pfanne schmelzen, zwei Scheiben Brot darin auf beiden Seiten goldgelb anrösten und dann mit einem Ausstecher kleine Sterne aus dem Brot stechen.«

Spinatbrioche

— meine Seelentröster-Brötchen

Für 12 Brioche
- 125 ml Mandelmilch
- 100 g vegane Butter
- 50 g Rohrohrzucker
- ½ Würfel frische Hefe
- 500 g Mehl
- Salz
- 200 g frischer Spinat
- 1 Knoblauchzehe
- 30 g Paranüsse
- 1 EL Olivenöl
- ¼ TL geriebene Muskatnuss

Besonderes Werkzeug
- 12 Brioche- oder Muffinförmchen

Zeitbedarf
- 1 Stunde
- 1 Stunde gehen lassen

1. Die Mandelmilch mit der veganen Butter und dem Rohrohrzucker in einen kleinen Topf geben und auf niedriger Stufe erwärmen, bis die Butter geschmolzen ist. Auf 40 °C abkühlen lassen. Dann die Hefe zerbröckeln und in der Milch-Butter-Mischung auflösen.

2. Die Hefemilch in eine Rührschüssel geben. Das Mehl dazusieben und mit 1 Prise Salz würzen. Mit den Händen zu einem glatten Teig verkneten. Den Teig mind. 1 Stunde an einem warmen Ort gehen lassen.

3. In der Zwischenzeit den Spinat waschen, putzen und mit einem Messer grob hacken. Die Knoblauchzehe schälen und in feine Würfel schneiden. Die Paranüsse klein hacken.

4. Den Backofen auf 200 °C (Umluft 180 °C) vorheizen. 1 EL Olivenöl in einer Pfanne heiß werden lassen, Spinat und Knoblauch dazugeben und kurz anschwitzen. Die Pfanne vom Herd ziehen, den Spinat mit Salz und geriebener Muskatnuss würzen und abkühlen lassen.

5. Den abgekühlten Spinat und die gehackten Paranüsse zum Hefeteig geben und unterkneten. Den Teig in 12 Portionen teilen und in Brioche- oder Muffinförmchen füllen.

6. Die Förmchen etwa 15 Minuten in den Ofen geben, bis die Brioche goldbraun gebacken sind. Vor dem Verzehr abkühlen lassen.

»Den Quinoa kann man wunderbar gleich in größerer Menge zubereiten und einen Teil davon dann am nächsten Tag mit zur Arbeit nehmen. Er schmeckt auch kalt äußerst köstlich.«

Bunter Quinoa

—— bringt Farbe ins Wintergrau

Für 2 Portionen
- 150 g bunter Quinoa
- 4 EL Sesamkörner
- 1 Blutorange
- 1 Bund frischer Koriander
- 1 große Fenchelknolle
- 15 g Ingwer
- 2 EL Olivenöl
- Meersalz
- Pfeffer aus der Mühle
- einige Granatapfelkerne

Zeitbedarf
- 45 Minuten

1. Den Quinoa nach Packungsanleitung zubereiten. Sesam in einer Pfanne ohne Fett vorsichtig rösten, bis er goldbraun ist und duftet. Die Blutorange auspressen. Den frischen Koriander fein hacken.

2. Den Fenchel gründlich waschen und in dünne Scheiben schneiden. Den Ingwer schälen und fein würfeln. 2 EL Olivenöl in einer Pfanne erhitzen. Fenchel und Ingwer darin goldbraun anbraten und mit dem Blutorangensaft ablöschen. Die Pfanne vom Herd nehmen.

3. Das Gemüse mit Meersalz und Pfeffer abschmecken und den Quinoa unterheben. Mit gehacktem Koriandergrün, gerösteten Sesamkörnern und Granatapfelkernen verfeinern.

Süßkartoffelpommes
—————— mit fixem Ketchup

1. Den Ofen auf 200 °C (Umluft 180 °C) vorheizen. Die Süßkartoffeln schälen und in Pommesform schneiden.

2. Die Pommes zusammen mit Olivenöl und Salz in eine Schüssel geben und die Zutaten gut miteinander vermengen. Die Süßkartoffelpommes auf einem mit Backpapier belegten Backblech ausbreiten und für ca. 20 Minuten im Ofen backen.

3. In der Zwischenzeit die Zwiebel schälen und fein würfeln, die Chilischote in feine Ringe schneiden. 1 EL Olivenöl in einem kleinen Topf erhitzen und die Zwiebelwürfel und Chiliringe darin anbraten.

4. 1 TL Rohrohrzucker über die Zwiebeln und die Chili geben und kurz karamellisieren lassen. Mit Balsamico ablöschen und die passierten Tomaten dazugießen. Die Sauce ca. 8 Minuten auf kleiner Stufe etwas einköcheln lassen, dabei ab und an umrühren. Mit Salz abschmecken.

5. Den Koriander fein hacken. Den fixen Ketchup vom Herd nehmen und mit frisch gehacktem Koriander verfeinern. Den Ketchup noch lauwarm zu den Pommes servieren.

Für 2 Portionen
Für die Pommes
· 600 g Süßkartoffeln
· 4 EL Olivenöl
· 2 TL Meersalz

Für den Ketchup
· 1 kleine Zwiebel
· ¼ frische rote Chilischote
· 1 EL Olivenöl
· 1 TL Rohrohrzucker
· 1 EL dunkler Balsamico
· 250 ml passierte Tomaten
· ½ Bund frischer Koriander

Zeitbedarf
· 45 Minuten

Gemüsechips

──── bunt, knusprig und gesund

Für etwa 150 g
- 1 Rote Bete
- 2 dicke Möhren
- 1 kleiner Wirsingkopf
- 2 TL Salz
- 4 EL Olivenöl

Zeitbedarf
- 15 Minuten
- 2,5 Stunden dörren

1. Den Backofen auf 70 °C (Umluft, Ober-/Unterhitze ist nicht geeignet) vorheizen. Rote Bete und Möhren schälen und mit einem scharfen Messer in sehr dünne Scheiben schneiden. Alternativ mit einem Hobel oder einer Küchenmaschine arbeiten. Den Wirsing waschen, vom Strunk befreien und in kleine mundgerechte Stücke zupfen.

2. Rote Bete, Möhre und Wirsing in eine Schüssel füllen. Das Salz sowie das Olivenöl über das Gemüse geben und mit den Händen gut in das Gemüse einarbeiten.

3. Die rohen Gemüsechips auf 2–3 mit Backpapier belegte Bleche verteilen (sie sollten nicht übereinander liegen) und in den Ofen geben. Die Ofentür einen Spalt offen lassen und die Chips etwa 2–2,5 Stunden dörren lassen. Die Dörrzeit wird durch die Dicke der Chips bestimmt, je dünner sie sind, desto schneller werden sie knusprig.

4. Die Chips auskühlen lassen und in einer luftdichten Dose oder einem gut verschließbaren Glas lagern, dann bleiben sie schön knusprig.

»Die Gemüsechips sind perfekt für einen gemütlichen Sonntag mit einem guten Film auf dem Sofa. Knusprig, gesund und ein wahrer Wohlfühlsnack für die Seele.«

»Der Schoko-Minz-Pudding ist an sehr dunklen Wintertagen eine richtige Wohltat und hilft mit seinem minzfrischen und schokoladigen Geschmack enorm gut gegen den Winterblues.«

Schoko-Minz-Pudding

Wohltat für die Seele

Für 2 Portionen
- 100 g vegane Zartbitterschokolade
- 500 ml Sojamilch
- 6 EL Rohrohrzucker
- 40 g Speisestärke
- 2 Tropfen Pfefferminzöl
- einige frische Minzblätter

Zeitbedarf
- 20 Minuten

1. Die Schokolade mit einem Messer klein hacken. 400 ml Sojamilch zusammen mit der gehackten Schokolade in einen Topf geben und langsam aufkochen lassen, dabei immer wieder umrühren.

2. Die übrigen 100 ml Sojamilch mit dem Zucker, der Speisestärke sowie dem Pfefferminzöl verrühren.

3. Sobald die Sojamilch kocht, die Stärke-Zucker-Milch dazugeben, gut unterrühren und einmal aufkochen lassen. Den Topf vom Herd nehmen, den fertigen Pudding in kleine Schüsseln verteilen und abkühlen lassen. Mit frischen Minzblättern verziert servieren.

Orangenpunsch

—————— *winterlich gewürzt*

Für 6 Gläser
- 15 Saftorangen
- 1 Zimtstange
- 4 Sternanis
- 3 Kapseln Kardamom
- 4 EL Vanillezucker

Zeitbedarf
- 15 Minuten
- 1 Stunde ziehen lassen

1. Orangen auspressen und den Saft – es sollten etwa 1,2 Liter sein – in einen Topf geben. Wer das Fruchtfleisch nicht mag, gießt den Saft einfach durch ein Sieb.

2. Zimtstange, Sternanis, Kardamom und Vanillezucker zum Saft in den Topf geben und gut unterrühren. Den Saft einmal aufkochen lassen, den Topf vom Herd nehmen und 1 Stunde ziehen lassen.

3. Zimtstange, Sternanis und Kardamom aus dem Saft entfernen. Den Saft vor dem Servieren wieder erwärmen, aber nicht mehr aufkochen.

»Dieser Punsch wärmt an Wintertagen, an denen man ganz furchtbar durchgefroren ist, so richtig schön durch. Man kann auch gleich mehr Saft zubereiten und im Kühlschrank aufbewahren. Dort ist der Punsch 3 – 4 Tage haltbar.«

3. Advent

Last-Minute-Geschenke

» Weihnachten steht vor der Tür und es fehlen noch Geschenke? Ich mag keine überfüllten Städte, drängelnde Menschen und Massenware. Ich stelle mich lieber in meine Küche und zaubere wunderbare und einzigartige Geschenke, die von Herzen kommen. «

»Der Rosenzucker ist ein wunderbares Geschenk für alle Süß-schnäbel im Freundeskreis. Er passt zu schokoladigen Desserts sowie frischen Obstsalaten und gibt Süßspeisen eine ganz eigene und würzig-warme Note.«

Rosenzucker

Blütenduft für die Winterzeit

Für 2 Gläschen
· 1 Vanilleschote
· 3 EL getrocknete Rosen-
  blüten (Gewürzladen)
· 1 TL rosa Pfefferbeeren
· 100 g Rohrohrzucker

Besonderes Werkzeug
· Mörser
· 2 kleine Gläser

Zeitbedarf
· ca. 15 Minuten

1. Die Vanilleschote längs halbieren und das Mark mit dem Messer-rücken herauskratzen. Das Vanillemark zusammen mit den getrock-neten Rosenblüten und den rosa Pfefferbeeren in einen Mörser geben. 1 EL des Zuckers hinzufügen und die Zutaten gründlich mörsern.

2. Den restlichen Zucker dazurieseln lassen und weiter mörsern. Sind alle Zutaten gut miteinander vermengt, den Zucker in kleine Gläschen füllen und verschließen, damit der Duft lange erhalten bleibt.

3. Wer keinen Mörser zur Hand hat oder feineren Zucker haben möchte, der kann die Zutaten auch in einen Hochleistungsmixer geben und darin mahlen. Der Zucker wird dann sehr viel feiner als der im Mörser zubereitete Zucker.

Zitronenkuchen

———— im Glas gebacken

Für 6 Gläser
- 125 ml neutrales Öl
- 2 EL Sojamehl
- 200 ml Sojamilch
- 120 g Rohrohrzucker
- 2 EL Vanillezucker
- 1 Prise Salz
- 1 Bio-Zitrone
- 250 g Dinkelmehl (Type 1050)
- 2 TL Weinsteinbackpulver
- etwas vegane Butter

Besonderes Werkzeug
- 6 verschließbare Gläser à 200 ml

Zeitbedarf
- 45 Minuten

1. In einer großen Schüssel das Öl und das Sojamehl verrühren. Die Sojamilch, den Rohrohr- und den Vanillezucker sowie das Salz hinzugeben und alles gründlich vermischen.

2. Die Zitrone heiß waschen, abtrocknen und die Schale dünn abreiben. Dann die Zitrone auspressen. Zitronenschale und -saft zu der Milchmischung in die Schüssel geben. Mehl und Weinsteinbackpulver mischen und nach und nach unter die flüssigen Zutaten rühren.

3. Den Backofen auf 180 °C (Umluft 160 °C) vorheizen. Die Deckel der Gläser abnehmen und die Gläser innen mit veganer Butter fetten. Den Teig auf die Gläser verteilen, dabei die Gläser nur ⅔ füllen. Die gefüllten Gläser auf ein Backblech stellen und etwa 20 Minuten backen. Um sicherzugehen, dass der Kuchen fertig ist, nach 20 Minuten mit einem Holzstäbchen in den Teig stechen. Sollte noch Teig am Stäbchen hängen, den Kuchen noch ein paar Minuten im Ofen lassen.

4. Die Gläser aus dem Ofen nehmen und sofort mit den passenden Deckeln verschließen. So verschlossen sind die Kuchen im Kühlschrank einige Wochen haltbar.

»Zum Verschenken bekommt das verschlossene Glas noch ein Etikett und ich binde mit einem Geschenkband einen kleinen Holzlöffel dran. So kann der Beschenkte mit dem Vernaschen gleich loslegen.«

Bratapfelkonfitüre
—— mit Marzipan und Mandeln

1. Die Äpfel waschen, nach Belieben schälen, vierteln und das Kerngehäuse entfernen. Die Äpfel in kleine Stücke schneiden. Die Apfelstücke in einen großen Topf geben und auf dem Herd erhitzen. Wenn die Äpfel anfangen zu zischen, das Wasser aufgießen und bei geschlossenem Deckel 15–20 Minuten auf kleiner Stufe köcheln lassen.

2. Die Marzipanmasse in kleine Stücke schneiden und zusammen mit Rosinen, Orangeat, Zimt, Kardamom und Mandeln in den Topf geben. Die Zutaten gut miteinander vermengen. Den Topf vom Herd nehmen und die Masse einmal grob mit einem Pürierstab zerkleinern.

3. Den Topf zurück auf den Herd stellen, den Gelierzucker zur Konfitürenmasse geben und die Konfitüre unter ständigem Rühren ca. 5 Minuten köcheln lassen.

4. Die heiße Konfitüre sofort in die sauber ausgespülten Gläser füllen und verschließen. Die Gläser auf die Deckel stellen und auskühlen lassen. Die Konfitüre hält sich gut ein halbes Jahr.

Für 5 Gläser
- 1 kg Äpfel
- 300 ml Wasser
- 100 g Marzipanrohmasse
- 100 g Rosinen
- 100 g Orangeat
- 2 TL Zimt
- 1 TL gem. Kardamom
- 100 g gehackte Mandeln
- 1 Pck. Gelierzucker 3 : 1

Besonderes Werkzeug
- Pürierstab
- 5 Schraubgläser à 200 ml

Zeitbedarf
- 60 Minuten

»Die Löffelschokolade ist das perfekte Mitbringsel für alle, die heiße Schokolade lieben. Je einen Löffel in einen Becher mit 200 ml warmer Pflanzenmilch stecken, schmelzen lassen, gut umrühren und genießen. Und wer es noch schokoladiger mag, nimmt einfach zwei Löffel.«

Löffelschokolade

——— für schnelle heiße Schoki

Für 20 Löffel
- 200 g vegane Zartbitter-schokolade
- 1 Vanilleschote
- 5 Tropfen reines Orangenöl
- Zuckerstreusel, gehackte Nüsse etc.

Besonderes Werkzeug
- Spritzbeutel
- 20 bunte Plastiklöffel

Zeitbedarf
- 30 Minuten

1. Die Schokolade hacken und in einer kleinen Schüssel über einem Wasserbad schmelzen. Das Wasser soll dabei lediglich heiß sein und darf nicht kochen.

2. Die Vanilleschote längs halbieren, das Mark mit dem Messerrücken herauskratzen. Vanillemark zusammen mit dem Orangenöl zu der geschmolzenen Schokolade geben und gut unterrühren.

3. Die flüssige Schokolade in einen Spritzbeutel mit kleiner Tülle füllen und auf die Löffel verteilen. Solange die Schokolade noch weich ist, mit Zuckerstreuseln, Nüssen, Orangenschale etc. ganz nach Belieben verzieren. Dann die Schokolade gut auskühlen und fest werden lassen.

Gebrannte Mandeln

——— mit feiner Fruchtnote

Für 1 Dose
- 200 g Mandeln
- 100 ml Wasser
- 200 g Rohrohrzucker
- 1 TL Zimt
- 2 EL Cranberrypulver

Besonderes Werkzeug
- 1 gut schließende Dose

Zeitbedarf
- 20 Minuten

1. Die Mandeln in eine hohe Pfanne geben. Das Wasser, 150 g Rohrohrzucker und den Zimt hinzugeben, alles gut miteinander vermischen und erhitzen.

2. Die Mandeln nun so lange auf niedriger Stufe köcheln lassen, bis alles Wasser verdampft ist. Dabei die Pfanne nie aus den Augen lassen und regelmäßig umrühren. Wenn die Mandeln anfangen zu knacken oder gar zu springen, werden sie zu heiß und platzen, dann die Hitze sofort reduzieren und die Pfanne kurz vom Herd nehmen.

3. Sobald die Mandeln ganz trocken sind, die restlichen 50 g Rohrohrzucker hinzugeben und die Mandeln unter ständigem Rühren karamellisieren lassen.

4. Die Pfanne vom Herd nehmen und sofort das Fruchtpulver untermischen. Die Mandeln auf einem Bogen Backpapier verteilen und jetzt schon so gut wie möglich voneinander trennen, damit sie später nicht zu sehr zusammenkleben. Die gebrannten Mandeln gut auskühlen lassen.

5. Die abgekühlten Mandeln in eine Dose füllen, diese gut verschließen und jetzt richtig gut durchschütteln. Dabei lösen sich die letzten Mandeln voneinander.

»Die gebrannten Mandeln verschenke ich jedes Jahr in meinem Freundes- und Bekanntenkreis und sie werden abgöttisch geliebt. Statt mit Cranberrypulver kann man sie auch mit diversen anderen Fruchtpulvern zubereiten. Der Fantasie sind da keine Grenzen gesetzt.«

Orangensirup
—————— für viele süße Ideen

1. Eine Orange heiß waschen, abtrocknen und die Schale mit einer Reibe fein abreiben. Alle Orangen halbieren, den Saft auspressen – es sollten etwa 500 ml sein – und durch ein feinmaschiges Sieb in einen kleinen Topf geben.

2. Die Vanilleschote längs aufschneiden und das Mark herauskratzen. Das Vanillemark, die ausgekratzte Schote, den Zucker und die abgeriebene Orangenschale zum Orangensaft geben. Gut unterrühren und den Saft ca. 20 Minuten auf kleiner Flamme einköcheln lassen.

3. Den fertigen Sirup noch heiß in die sauber ausgespülten Flaschen füllen, die Flaschen gut verschließen und abkühlen lassen.

Für 1 Flasche
- 5 große Bio-Orangen
- 1 Vanilleschote
- 300 g Rohrohrzucker

Besonderes Werkzeug
- 2 Flaschen à 150 ml

Zeitbedarf
- 40 Minuten

»Eigentlich sollte man den Sirup immer im Haus haben: Er schmeckt nicht nur klasse in Kräutertee, Kakao, Kaffee oder einfach in spritzigem Mineralwasser, sondern peppt auch Pudding, Kuchenteig oder Joghurt auf und verleiht einen frischen und trotzdem warmen Geschmack.«

»Duft und Geschmack dieses Salzes nach Kräutern und Zitrus-aromen sind einfach betörend. Ich mag das Salz besonders gerne in frischen Gemüsepfannen und würze damit auch Tofu oder Salate. «

Winter-Wohlfühl-Salz

—————— die kleine Aroma-Explosion

Für 2 Gläser
- 1 Bio-Zitrone
- 1 Bio-Orange
- 1 Handvoll frischer Thymian
- 5 Blätter frischer Salbei
- 1 Stängel frischer Rosmarin
- 100 g grobes Meersalz

Besonderes Werkzeug
- Mörser
- 2 kleine Schraubgläser

Zeitbedarf
- 20 Minuten
- über Nacht trocknen

1. Zitrone und Orange heiß waschen, abtrocknen und die Schalen mit einer feinen Reibe abreiben.

2. Thymian, Salbei und Rosmarin grob hacken und zusammen mit den abgeriebenen Zitrusschalen auf einem Küchentuch ausbreiten. Kräuter und Zitrusabrieb über Nacht auf der Heizung trocknen lassen.

3. Am nächsten Tag 2 EL des Meersalzes zusammen mit den getrockneten Schalen und Kräutern in einen Mörser geben. Gründlich mörsern und dann das restliche Salz nach und nach hinzufügen. Dabei ständig weitermörsern, bis alle Zutaten gut vermahlen sind. Das fertige Salz in kleine Gläschen füllen und diese gut verschließen.

»Der selbst gemachte Mandel-Schokoaufstrich kommt etwas kerniger daher als die bekannte Schokocreme, hat dafür aber auch viel mehr Geschmack. Ich bringe ihn gerne als kleines Geschenk zum Advents- oder Weihnachtsbrunch mit.«

Mandel-Schokoaufstrich

—————— ## viel besser als gekauft

1. Den Backofen auf 180 °C (Umluft 160 °C) vorheizen. Die Mandeln auf einem Backblech verteilen und im vorgeheizten Backofen 8–10 Minuten rösten. Aufpassen, dass sie nicht zu dunkel werden.

2. In der Zwischenzeit die Vanilleschote aufschlitzen und das Mark herauskratzen. Die Orange heiß waschen, abtrocknen und die Schale mit einer Reibe fein abreiben.

3. Die gerösteten Mandeln etwas abkühlen lassen und mit einem guten Mixer oder in der Küchenmaschine fein mahlen. Wer diese Geräte nicht besitzt, kann schon gemahlene Mandeln verwenden und diese ohne Fett in einer Pfanne leicht anrösten.

4. Die gemahlenen Mandeln in eine Schüssel geben. Öl, Kakaopulver, Zimt, Salz, Vanillemark, Orangenabrieb und den Puderzucker dazugeben und alles sehr gründlich miteinander vermischen.

5. Den fertigen Mandel-Schokoaufstrich in verschließbare Gläser füllen und im Kühlschrank aufbewahren.

Für 2 Gläser
- 350 g Mandeln
- 1 Vanilleschote
- 1 Bio-Orange
- 150 ml neutrales Öl
- 50 g Kakaopulver
- 1 TL Zimt
- 2 Prisen Salz
- 50 Puderzucker

Besonderes Werkzeug
- Mixer oder Küchenmaschine
- 2 Gläser à 200 ml

Zeitbedarf
- 20 Minuten

4. Advent

Festliche Menüs

»Endlich Weihnachten – jetzt wird gefeiert! Ob ganz gemütlich zu zweit oder in der großen Familienrunde, meine Menüs gehen alle schnell von der Hand, sind trotzdem etwas ganz besonderes und natürlich einzigartig lecker.«

Süßkartoffelsuppe

—————— schnelle Vorspeise

Für 2 Portionen
- 400 g Süßkartoffeln
- 15 g frischer Ingwer
- 400 ml Gemüsebrühe
- 50 g Kräuterseitling
- 50 g Austernpilze
- 1 kleine rote Zwiebel
- 2 EL Olivenöl
- Salz
- Pfeffer aus der Mühle
- einige Stängel frischer Thymian
- 1 Orange
- ¼ TL Zimt
- 50 ml Sojasahne

Besonderes Werkzeug
- Pürierstab

Zeitbedarf
- 45 Minuten

1. Die Süßkartoffeln sowie den Ingwer schälen und alles würfeln. Süß-kartoffel- und Ingwerwürfel zusammen mit der Gemüsebrühe in einen Topf geben und in etwa 20 Minuten weich kochen.

2. Kräuterseitlinge und Austernpilze mit einem Küchentuch sanft säubern und die Pilze klein schneiden. Die Zwiebel schälen und fein würfeln. In einer Pfanne 2 EL Olivenöl heiß werden lassen und die Zwiebel sowie die Pilze darin knusprig anbraten. Mit etwas Salz und Pfeffer abschmecken. Die Thymianblättchen von den Stängeln zupfen und zu den Pilzen geben.

3. Die Orange auspressen. Den Topf mit den weich gekochten Süßkar-toffeln vom Herd nehmen und die Suppe mit einem Pürierstab pürie-ren. Orangensaft, Zimt und Sojasahne dazugeben und alles noch einmal kräftig durchmixen.

4. Die Suppe wieder auf den Herd stellen und erwärmen, aber nicht mehr aufkochen lassen. Mit etwas Salz und Pfeffer abschmecken und mit den gebratenen Pilzen servieren.

» Als kleinen Starter vorab serviere ich vor dieser Suppe gerne einen fruchtigen Weihnachtscocktail. Dafür für jeden Gast ein Glas mit Sekt füllen und einen Schuss selbst gemachten Orangensirup dazugeben – das Rezept dafür steht auf S. 63. «

»Diese einfache Pasta ist genau das Richtige für mein schnelles Menü für zwei: Fix gekocht macht sie enorm viel her. Safran gibt der Sauce einen besonders feinen Geschmack und in der Kombination mit Orange und Petersilie schmeckt das Gericht unglaublich frisch.«

Möhren-Safran-Pasta

—— schnelles Hauptgericht

Für 2 Portionen
- 200 g Pasta nach Belieben
- 6 Möhren
- 1 Orange
- 50 g Pinienkerne
- 2 EL Olivenöl
- 250 ml Sojasahne
- 2 Messerspitzen Safran
- Salz
- ½ Bund glatte Petersilie

Zeitbedarf
- 30 Minuten

1. Einen Topf mit Salzwasser aufsetzen, das Wasser zum Kochen bringen und die Pasta nach Packungsanleitung al dente kochen.

2. Währenddessen die Möhren waschen, schälen und mit einem Sparschäler zu dünnen „Band-Möhren" abschälen. Die Orange auspressen.

3. Die Pinienkerne in einer Pfanne ohne Öl anrösten, bis sie duften. Die Pinienkerne zur Seite stellen und das Olivenöl in die Pfanne geben. Die „Band-Möhren" kurz im heißen Öl schwenken und mit dem Orangensaft ablöschen. Die Hitze reduzieren und die Sojasahne dazugeben. Alles gut verrühren und mit Safran und etwas Salz abschmecken. Die Sauce kurz aufköcheln lassen und vom Herd nehmen.

4. Die Nudeln durch ein Sieb abgießen und auf Teller verteilen. Die Sauce darübergeben und mit frisch geschnittener glatter Petersilie und den Pinienkernen verfeinern.

Gratinierte Feigen

—————— schnelles Dessert

1. Den Backofen auf 200 °C Umluft plus Grillfunktion vorheizen. Die Butter in einem kleinen Topf schmelzen lassen. Zimt und Kardamom dazugeben und unterrühren.

2. Die Feigen in eine kleine Auflaufform stellen, von oben kreuzförmig einschneiden und vorsichtig etwas auseinanderklappen. Die geschmolzene Butter über die Feigen träufeln und mit Rohrohrzucker bestreuen.

3. Die Auflaufform in den Ofen stellen und die Feigen ca. 5 Minuten gratinieren. Sofort heiß servieren.

Für 2 Portionen
- 50 g vegane Butter
- 1 TL Zimt
- 1 Msp. gem. Kardamom
- 4 frische Feigen
- 4 TL Rohrohrzucker

Zeitbedarf
- 15 Minuten

»Ich liebe Feigen abgöttisch – am liebsten frisch vom Baum. Gratiniert geben sie hier den perfekten Abschluss zu diesem köstlichen Weihnachtsmenü.«

Schwarzwurzel-Tartelettes

Vorspeise für viele

1. Die kalte Butter mit dem Mehl, dem eiskalten Wasser und dem Salz vermengen. Zügig zu einer Teigkugel kneten. Den Teig abdecken und mind. 1 Stunde kühl stellen. Die Schwarzwurzeln durch ein Sieb abgießen und die Flüssigkeit auffangen.

2. Die Butter in einem kleinen Topf schmelzen und zügig 2 EL Mehl mit einem Schneebesen einrühren. Mit der Schwarzwurzelflüssigkeit ablöschen, aufkochen lassen und 5 Minuten bei schwacher Hitze köcheln lassen, dabei ab und zu umrühren. Die Schwarzwurzeln zur Sauce geben und mit Salz und etwas frisch geriebener Muskatnuss abschmecken. Die Füllung abkühlen lassen

3. Den Backofen auf 180 °C (Umluft 160 °C) vorheizen. Die Tarteletteförmchen einfetten. Den gekühlten Teig auf einer bemehlten Fläche dünn ausrollen und mithilfe eines Untertellers, der etwas größer als die Tarteletteförmchen ist, Kreise ausschneiden. Die Kreise jeweils vorsichtig in die gefetteten Förmchen legen und ganz leicht andrücken. Am Rand überstehenden Teig abschneiden und den Teig mehrmals mit einer Gabel einstechen.

4. In die einzelnen Förmchen über den Teig je einen Kreis aus Backpapier legen und mit einer Schicht getrockneter Hülsenfrüchte beschweren. Die Tartelettes etwa 20 Minuten im Ofen backen.

5. Die fertig gebackenen Tartelettes aus dem Ofen nehmen. Gut auskühlen lassen, Hülsenfrüchte und Backpapier entfernen und die fertigen Böden vorsichtig aus den Förmchen lösen.

6. Die Orange heiß waschen, abtrocknen und die Schale fein abreiben. Die Schwarzwurzelfüllung kurz vor dem Servieren auf die gebackenen Tarteletteböden verteilen und mit frisch geschnittener Kresse und der abgeriebenen Orangenschale verfeinern.

Für 6 Tartelettes

Für den Teig
- 100 g vegane Butter
- 150 g Weizenvoll-kornmehl
- 6 EL sehr kaltes Wasser
- 2 Prisen Salz
- getrocknete Hülsen-früchte zum Blindbacken

Für die Füllung
- 1 Glas Schwarzwurzeln (Abtropfgewicht ca. 240 g)
- 50 g vegane Butter
- 2 EL Mehl
- Salz
- frisch geriebene Muskatnuss
- 1 Bio-Orange
- 1 Schälchen frische Kresse

Besonderes Werkzeug
- 6 Tarteletteförmchen

Zeitbedarf
- 40 Minuten
- 1 Stunde kühlen

Gefüllte Süßkartoffel

─────── Hauptgericht für viele

Für 6 Portionen
- 2 mittelgroße Süßkartoffeln
- 2 Mango
- 2 Dosen Kidneybohnen (Abtropfgewicht ca. 500 g)
- 3 EL Olivenöl
- Meersalz
- 1 Bund Koriandergrün
- 200 g veganer Sauerrahm nach Belieben

Zeitbedarf
- 2 Stunden

1. Die Süßkartoffeln gründlich waschen und mit einer Gabel rundherum einstechen. Die Knollen in Alufolie wickeln und bei 180 °C (Umluft 160 °C) etwa 1,5 Stunden im Ofen garen lassen, bis sie weich sind.

2. Die Mango schälen und in kleine Würfel schneiden. Die Kidneybohnen in ein Sieb abgießen und die Dosenflüssigkeit mit klarem Wasser abspülen. In einer Pfanne 2 EL Olivenöl heiß werden lassen und die Bohnen darin kurz anbraten. Die Mangowürfel dazugeben, unterrühren und mit etwas Meersalz abschmecken. Die Füllung warm halten.

3. Die gegarten Süßkartoffeln aus der Alufolie wickeln – Vorsicht: heiß – längs einschneiden und vorsichtig etwas auseinanderklappen. Die Bohnen-Mango-Mischung auf die Kartoffeln verteilen. Den Koriander klein schneiden und über die Süßkartoffeln streuen. Nach Belieben veganen Sauerrahm dazu reichen.

»Dieses Menü kann man für mehrere Gäste prima vorbereiten:
Die fertigen Tartelettböden werden kurz vor dem Servieren gefüllt,
die Süßkartoffeln backen alleine im Ofen und die Schokocreme
wartet schon im Kühlschrank. «

»Weihnachten ohne meine Lieblingsschokocreme kann ich mir schon gar nicht mehr vorstellen. Der herbe Geschmack gepaart mit der fruchtigen Süße ist einfach ein Traum, der wirklich jedem schmeckt. Und das nicht nur zu Weihnachten ...«

Lieblingsschokocreme
—— Dessert für viele

1. Die Orange auspressen. Die Vanilleschote längs aufschlitzen und das Mark mit dem Messerrücken herauskratzen.

2. Den Seidentofu in eine hohe Rührschüssel geben. Orangensaft, Vanillemark, Kakao, Rohrohrzucker und 1 Prise Salz dazugeben und alles mit den Schneebesen des Handrührgeräts mind. 5 Minuten schaumig rühren.

3. Die Creme in kleine Gläser füllen und zwei Stunden kalt stellen. Vor dem Servieren mit etwas Rosenzucker bestreuen. Wer den nicht hat, kann das Dessert auch einfach mit ein paar Schokoladensplittern oder Orangenzesten dekorieren.

Für 6 Portionen
- 1 Orange
- 1 Vanilleschote
- 600 g Seidentofu
- 5 gehäufte EL Kakao
- 75 g Rohrohrzucker
- 1 Prise Salz
- 3 TL Rosenzucker (Rezept S. 52)

Besonderes Werkzeug
- 6 kleine Dessertgläser

Zeitbedarf
- 10 Minuten
- 2 Stunden kühlen

Knusprige Gemüsebrote
─────── klassische Vorspeise

Für 4 Portionen
- 1 kleine Rote Bete
- 1 kleine Pastinake
- 100 g Topinambur
- 1 kleine Möhre
- 1 kleines Bund Thymian
- 4 EL Olivenöl
- Meersalz
- 1 EL Balsamico
- 1 Avocado
- 2 TL Zitronensaft
- Pfeffer aus der Mühle
- 1 Prise Zimt
- 4 Scheiben Brot

Zeitbedarf
- ca. 30 Minuten

1. Rote Bete, Pastinake, Topinambur und Möhre schälen und mit einem scharfen Messer in kleine Würfel schneiden. Von der Hälfte des Thymians die Blättchen abzupfen.

2. In einer Pfanne 2 EL Olivenöl heiß werden lassen und die Gemüse-würfel etwa 8 Minuten auf kleiner Stufe rösten, zwischendurch immer wieder umrühren. Mit Meersalz und frisch gezupften Thymianblätt-chen abschmecken und mit dem Balsamico ablöschen. Das Gemüse vom Herd nehmen und abkühlen lassen.

3. Die Avocado halbieren, das Fruchtfleisch mit einem Löffel heraus-lösen und in eine kleine Schüssel geben. Das Avocadofruchtfleisch mit einer Gabel fein zerdrücken und den Zitronensaft untermischen. Mit Meersalz, etwas frisch gemahlenem Pfeffer und einer Prise Zimt abschmecken.

4. In einer großen Pfanne 2 EL Olivenöl heiß werden lassen und die Brot-scheiben darin von beiden Seiten rösten. Das geröstete Brot mit der Avocadocreme bestreichen und die Gemüsewürfel darauf verteilen. Mit den übrigen Thymianzweigen garnieren und sofort servieren.

»Mit diesem recht klassischen Menü kann man an Weihnachten für die Familie wirklich nichts falsch machen. Da ist sogar die Oma überzeugt.«

Wirsing-Strudel mit Sahne-Pastinaken

━━━━ klassisches Hauptgericht

Für 4 Portionen
- ½ Wirsingkopf (ca. 600 g)
- 1 Orange
- 2 EL Olivenöl
- 250 ml Gemüsebrühe
- 200 ml Sojasahne
- Salz
- Pfeffer aus der Mühle
- 2 Rollen veganer Blätterteig (Kühlregal)
- 4 Pastinaken
- etwas frischer Thymian

Zeitbedarf
- 40 Minuten

1. Den Backofen auf 200 °C (Umluft 180 °C) vorheizen. Den Wirsing waschen, den Strunk entfernen und die Blätter in feine Streifen schneiden. Die Orange auspressen.

2. In einer Pfanne 2 EL Olivenöl erhitzen und den Wirsing darin kurz anrösten. Mit 50 ml Gemüsebrühe aufgießen und auf kleiner Stufe ca. 5 Minuten schmoren lassen. Mit dem frisch gepressten Orangensaft und 50 ml Sojasahne verfeinern. Kurz einköcheln lassen und mit Salz und Pfeffer abschmecken. Den Wirsing abkühlen lassen.

3. Den Blätterteig ausrollen und jede Teigbahn einmal quer halbieren. Auf je eine Teigplatte mittig ein Viertel des abgekühlten Wirsings geben. Nun zuerst die kurzen Seiten des Teiges nach innen klappen, dann die langen Seiten darüberschlagen und vorsichtig festdrücken. Die Strudel auf einem mit Backpapier belegten Backblech etwa 20 Minuten im Ofen backen.

4. In der Zwischenzeit die Pastinaken schälen und würfeln. In 200 ml Gemüsebrühe ca. 10 Minuten weich kochen. 150 ml Sojasahne hinzugeben und weitere 5 Minuten köcheln lassen. Mit Salz und Pfeffer abschmecken.

5. Das Pastinakengemüse auf 4 Teller verteilen. Je einen aufgeschnittenen Strudel auf das Gemüse setzen, mit etwas Thymian bestreuen und servieren.

» Ein sahnig-fruchtiges Dessert zum Niederknien, das auch noch mit ziemlich wenig Zucker auskommt. Die Reissahne ist von Natur aus süß und überzeugt sogar kritische Süßschnäbel. «

Apfel-Sahnetraum

—————— klassisches Dessert

1. Die Äpfel waschen, nach Belieben schälen, vierteln, das Kerngehäuse entfernen und in mundgerechte Würfel schneiden. In einer Pfanne die vegane Butter schmelzen lassen. Die Apfelstücke darin leicht anbräunen und mit dem Rohrohrzucker karamellisieren lassen. Die Äpfel vom Herd nehmen und auskühlen lassen.

2. Die Reisschlagcreme zusammen mit dem Sahnesteif und dem Zimt in ein hohes Rührgefäß geben und mit den Schneebesen des Handrührgeräts aufschlagen.

3. Die Kipferl zerkrümeln. Äpfel, Sahne und Kipferlbrösel Schicht für Schicht in die Gläser füllen. Mit einer Schicht Äpfel enden und das Dessert mit gehackten Pistazien bestreuen.

Für 4 Portionen
- 4 Äpfel
- 1 EL vegane Butter
- 3 EL Rohrohrzucker
- 600 ml Reisschlagcreme
- 2 Pck. Sahnesteif
- 1 ½ TL Zimt
- 8 Gewürzkipferl (Rezept S. 10) oder Vanillekipferl
- 2 EL gehackte Pistazien

Besonderes Werkzeug
- 4 Gläser

Zeitbedarf
- ca. 20 Minuten

Rosenkohl-Cranberry-Salat

—— leichte Vorspeise

Für 2 Portionen
- 400 g Rosenkohl
- 50 g frische Cranberrys
- 2 EL Olivenöl
- 2 TL Rohrohrzucker
- 3 EL Balsamico
- 2 Orangen
- ½ Granatapfel
- 1 TL grobes Meersalz

Zubereitungszeit
- ca. 30 Minuten

1. Den Rosenkohl waschen, die Strünke entfernen und die Röschen halbieren. Cranberrys waschen und halbieren. Olivenöl in einer Pfanne erhitzen und den Rosenkohl sowie die Cranberrys goldbraun anbraten. Zucker hinzufügen und die Zutaten karamellisieren lassen. Mit Balsamico ablöschen und die Pfanne vom Herd nehmen.

2. Die Orangen filetieren und die Kerne aus dem halben Granatapfel herauslösen.

3. Den lauwarmen Rosenkohl auf den Tellern anrichten und Orangenfilets sowie die Granatapfelkerne darauf verteilen. Das Meersalz locker über den Salat geben.

»Am zweiten Weihnachtstag fühle ich mich oft schon sehr satt. Doch dieses leichte Menü passt dann immer noch.«

Gebratener Tofu im Gemüsebett

—— leichtes Hauptgericht

1. Den Tofu in zwei Portionsstücke teilen. Vom Fenchel das Grün abzupfen. Die Tofustücke gründlich mit 50 ml Olivenöl und 2 TL Meersalz einreiben und zusammen mit dem Fenchelgrün in eine kleine flache Schüssel legen. Die Schüssel abdecken und mind. 4 Stunden zum Marinieren kühl stellen.

2. Gegen Ende der Marinierzeit die Kartoffeln schälen, waschen und in ca. 1 × 1 cm große Würfel schneiden. Diese Würfel in Salzwasser in etwa 15 Minuten bissfest kochen. Die Kartoffelwürfel durch ein Sieb abschütten und beiseitestellen.

3. Den Fenchel waschen und klein schneiden, dabei den Strunk entfernen. Den Ofen auf 80 °C vorheizen.

4. In einer Pfanne 3 EL Olivenöl heiß werden lassen und den marinierten Tofu darin von allen Seiten schön knusprig braun anbraten. Die Tofustücke auf einen Teller legen und im Ofen bei 80 °C warm halten.

5. Den geschnittenen Fenchel und die Kartoffelwürfel im in der Pfanne verbliebenen Öl anbraten und mit etwas Salz und 1 EL Currypulver abschmecken.

6. Den Babyspinat kurz waschen, trocken schütteln und auf zwei Teller verteilen. Das Fenchel-Kartoffelgemüse daraufgeben und den Tofu warm aus dem Ofen darauflegen.

Für 2 Portionen
- 400 g Naturtofu
- 1 Fenchel
- 50 ml + 3 EL Olivenöl
- 2 TL Meersalz
- 400 g Kartoffeln
- Salz
- 1 EL Currypulver (orientalisch)
- 2 Handvoll Babyspinat

Zeitbedarf
- 30 Minuten
- 4 Stunden marinieren

»Ein leichter, frisch-fruchtiger Abschluss nach einem deftigen Menü, der nicht schwer im Magen liegt. Man könnte sogar eine zweite Portion davon vertragen ...«

Spritziger Zitrussalat
—————— leichtes Dessert

1. Die Grapefruits und die Blutorangen so schälen, dass auch die weiße Haut unter der Schale mit entfernt wird. Dann mit einem sehr scharfen Messer die Filets zwischen den Trennhäuten herauslösen.

2. Die Orange auspressen und den Saft in einen kleinen Topf geben. Den Rohrohrzucker sowie den gemahlenen Kardamom dazugeben und 8 – 10 Minuten einköcheln lassen.

3. Die Grapefruit- und Blutorangenfilets in den reduzierten Orangensaft geben und vorsichtig unterheben. Den Topf vom Herd nehmen.

4. Die gehackten Pistazien in einer Pfanne ohne Fett leicht anrösten. Das Dessert auf zwei Dessertschalen verteilen, über jede Portion 2 EL Crodino geben und mit den Pistazien bestreut servieren.

Für 2 Portionen
- 2 Grapefruit
- 2 Blutorangen
- 1 Orange
- 2 TL Rohrohrzucker
- ¼ TL gem. Kardamom
- 4 EL Crodino (ital. Aperitif)
- 2 TL gehackte Pistazien

Zeitbedarf
- 20 Minuten

Register

Festliche Menüs

Schnelles Menü für zwei
Süßkartoffelsuppe 71
Möhren-Safran-Pasta 72
Gratinierte Feigen 75

Menü für viele
Schwarzwurzel-Tartelettes 77
Gefüllte Süßkartoffel 78
Lieblingsschokocreme 81

Klassisches Menü
Knusprige Gemüsebrote 82
Wirsing-Strudel mit Pastinaken 84
Apfel-Sahnetraum 87

Leichtes Menü
Rosenkohl-Cranberry-Salat 88
Gebratener Tofu im Gemüsebett 91
Spritziger Zitrussalat 93

GENUSS PUR

Axel Meyer
Die Kunst vegan zu backen
160 Seiten, €/D 19,99

Ob knusprige Amaranth-Brötchen, Dinkelstange Proven-
çale oder feine Kokos-Muffins: Die veganen Köstlichkeiten
sind schnell und unkompliziert zu backen – ganz ohne
Butter, Eier, Milch oder Sahne. In über 80 kreativen Rezep-
ten zeigt Axel Meyer in seiner neuen Kunst des Backens,
wie volles Korn und rein pflanzliche Zutaten zu gesundem
Backgenuss kombiniert werden können – einfach lecker!

AKTEURIN

Franzi Schädel liebt die wunderbaren Dinge des Lebens: herbstbunte Wälder, schnucklige Märkte, das Städtchen Mölln, französische Filme, Obst und Gemüse (außer rote Bete), die Natur und ihren Garten, den liebsten Mann von allen – und vor allem die Liebe selbst. Darum trifft sie hauptberuflich als Hochzeitsfotografin die Liebe (franzitrifftdieliebe.de). Ihre zweite große Leidenschaft ist das Kochen. Sie lebt vegetarisch mit einem starken Hang zum veganen Leben und schreibt darüber auf ihrem Koch-Blog „Wo geht's zum Gemüseregal".

Danke an ...

… Herrn Pirat, den liebsten Mann von allen! Ich danke dir für deine Geduld, für deinen schier unerschütterlichen Glauben an mich und deine Liebe. Ich liebe dich so sehr.
… C., beste Lektorin der Welt! Was hätte ich nur ohne dich gemacht? Ich danke dir, dass auch du immer an mich und dieses Buch geglaubt hast und dass uns dieses Buch unsere Freundschaft gebracht hat.
… C., du mein Hase! Ich danke dir für deinen grandiosen Einsatz bei den „Schlüpfrigen" und fürs wirklich IMMER an mich glauben. Ohne dich hätte das nicht geklappt. Ich danke dir, dass es dich und uns gibt! Für immer.
… K., du „bisschen vegane"! Danke, dass du von Anfang an daran geglaubt hast und mich in allem unterstützt! Du Beste, ich bin froh, dass du da bist.
… M., meine Fotoheldin! Hab 1000 Dank für das wunderbare Shooting, nun ist dein Buch geziert von meinen Bildern und mein Buch geziert von deinen Bildern. Yehahaha!
… Mama und Papa! Weil man das so macht und weil ich euch lieb hab.
… alle meine Freunde – von ganzem Herzen! Ihr habt probiert (Klausi!), euch gefreut, Deko gesponsert (Anne, DU besonders!), an mich geglaubt und euch nicht gewundert, dass ich ein Buch schreibe.
Ich liebe euch alle!

IMPRESSUM

Mit 47 Fotos von Franzi Schädel (alle Foodfotos) und Mirja Hoechst (S. 4, 6/7, 24/25, 50/51, 68/69).

Umschlaggestaltung von Gramisci Editoral Design, Claudia Geffert, München, unter Verwendung von drei Fotos von Franzi Schädel (Umschlagvorder- und -rückseite) und Mirja Hoechst (kleines Motiv hinten).

Unser gesamtes Programm finden Sie unter **kosmos.de**. Über Neuigkeiten informieren Sie regelmäßig unsere Newsletter, einfach anmelden unter **kosmos.de/ newsletter**.

Gedruckt auf chlorfrei gebleichtem Papier

© 2015, Franckh-Kosmos Verlags-GmbH und Co. KG, Stuttgart
Alle Rechte vorbehalten
ISBN 978-3-440-14898-3
Projektleitung und Redaktion: Claudia Salata
Gestaltungskonzept. Gramisci Editorial Design, Cornelia Sekulin, München
Gestaltung und Satz: Katrin Kleinschrot, Stuttgart
Produktion. Eva Schmidt
Printed in Germany/Imprimé en Allemagne